AF454697

RÉGLEMENT
FAIT
PAR ORDRE DU ROI.

Pour établir dans les Hôpitaux militaires de Strasbourg, Metz & Lille, des Amphithéâtres destinés à former en Médecine, Chirurgie & Pharmacie, des Officiers de santé pour le service des Hôpitaux militaires du Royaume & des Armées.

Du 22 Décembre 1775.

ARTICLE PREMIER.

IL sera reconnu par l'Intendant de la province, & les Officiers de santé, dans chacun des trois hôpitaux de Strasbourg, Metz & Lille, où on établira des Amphithéâtres, un emplacement convenable pour y faire les dissections & les leçons, sans toutefois que ces emplacemens puissent nuire à l'aisance ni au bien-être des malades.

Emplacement de l'amphithéâtre.

2.

INDÉPENDAMMENT des Médecins employés avec

A

appointemens dans les hôpitaux militaires, Sa Majesté admet dans chacun des trois hôpitaux où les amphithéâtres feront établis, quatre Médecins furnuméraires, fans appointemens, qui porteront l'uniforme des Médecins ordinaires, mais fans boutonnières au collet; ils feront obligés d'affifter à tous les cours qui fe feront dans lefdits hôpitaux, aux opérations & aux ouvertures de cadavres; de fuivre les Médecins & Chirurgiens-majors dans leurs vifites; ils feront, ainfi que les Médecins employés, des obfervations qu'ils adrefferont à l'Infpecteur général, qui, d'après les connoiffances & le zèle qu'ils montreront, & les témoignages qui lui feront rendus par l'Infpecteur du département, les fera connoître plus particulièrement au Secrétaire d'État de la guerre, afin de les faire nommer aux places vacantes; ils feront fubordonnés à la police des Intendans du département, des Commiffaires des guerres, des Médecins-infpecteurs & des Médecins de ces trois hôpitaux: Ces Médecins furnuméraires feront chacun des obfervations fur les maladies qui leur feront indiquées par les Médecins titulaires de l'hôpital; & ces obfervations feront variées tous les mois, de forte que celui qui en aura fait pendant le mois actuel, fur les maladies aiguës regnantes, fera chargé d'en faire fur les maladies chroniques pendant le mois fuivant, & fucceffivement fur tous les genres de maladies, afin de pouvoir juger de la capacité & de l'application de ces Médecins.

Médecins furnuméraires.

3.

O N fera choix d'un Démonftrateur, d'une capacité reconnue, pour chacun des trois amphithéâtres; il aura le titre d'Aide-major, Difféqueur & Démonftrateur, aux appointemens du Roi, fixés à quatre cents livres, outre les gages du premier Garçon, dont il tiendra lieu aux Entrepreneurs, en rempliffant les mêmes fonctions des autres garçons Chirurgiens.

Démonftrateur.

Appointemens.

4.

I L fera accordé en fus cent livres pour l'entretien des

pièces anatomiques & autres frais d'amphithéâtres, dont il rendra compte de l'emploi, dans un état visé du Commissaire des guerres & du Médecin-inspecteur.

Emploi
de cent livres
pour
l'amphithéâtre.

5.

A mesure que les Chirurgiens-aide-major, actuelle-ment établis dans ces trois hôpitaux, & leurs survivanciers, viendront à mourir ou se retireront, leur place demeurera supprimée, & l'Aide-major démonstrateur en remplira les fonctions, à raison du traitement réglé ci-dessus.

Suppression
des Aides-major.

6.

Aucun Élève en Chirurgie ne pourra être admis à suivre, comme surnuméraire, les malades ou blessés, ni les cours qui se feront, qu'il n'ait fait au moins deux années d'apprentissage chez un maître Chirurgien dont il rap-portera un certificat authentique; il sera examiné par le Médecin-inspecteur, ou à son défaut, par le premier Médecin & le Chirurgien-major, & reçu à l'hôpital avec l'agrément du Commissaire des guerres.

Réception
des Chirurgiens
surnuméraires.

7.

Lorsqu'il vaquera une place de garçon Chirurgien, il sera convoqué un concours en présence de l'Intendant, lorsqu'il le jugera à propos, du Commissaire des guerres, du Médecin-inspecteur qui résidera dans la Province, des Médecins, Chirurgien-major & Aide-major ; la préférence sera donnée à l'ancien, à mérite égal, mais toujours au plus capable : par ce moyen on évitera la faveur & la brigue, on fera germer l'émulation & les talens qui seuls procureront les places.

Concours
pour le
remplacement
des garçons
Chirurgiens.

L'amphithéâtre établi à Lille, fournira les garçons Chirurgiens & Apothicaires des hôpitaux militaires, tels qu'ils sont situés dans la Flandre, le Hainault, la Picardie & la Champagne.

L'amphithéâtre établi à Metz, fournira les garçons Chirurgiens & Apothicaires dans les hôpitaux militaires des Trois-évêchés & de la Lorraine.

A ij

Et celui de Strasbourg fournira également les garçons Chirurgiens & Apothicaires dans les hôpitaux d'Alsace & de la Franche-comté, & ce, relativement aux dispositions de cet article, & des 8 & 1 9 du présent Règlement.

8.

Nombre des Chirurgiens surnuméraires.

IL ne sera admis que quatre Chirurgiens surnuméraires externes dans les hôpitaux de Strasbourg, de Metz & de Lille ; ils seront tenus de faire le service sans appointemens ni nourriture au compte du Roi, lorsque le nombre des malades, blessés & vérolés ne sera pas suffisant pour les employer ; le nombre des Chirurgiens employés, sera d'ailleurs proportionné au nombre des malades, relativement aux fixations portées par les marchés actuels, ils ne pourront servir en cette qualité que pendant l'espace de six années, après lequel temps ils chercheront à se pourvoir dans les villes & bourgs du royaume & dans les régimens, & seront placés de préférence dans les armées & dans les hôpitaux de l'intérieur du royaume, en qualité de Major ou Aide-major ; & comme il y a déjà quatre Chirurgiens surnuméraires établis à l'hôpital de Strasbourg, sans appointemens, mais avec nourriture au compte du Roi, suivant le marché actuel, les quatre nouveaux Chirurgiens établis par cet article, seront simplement externes, & pourront être employés à remplacer les quatre Chirurgiens surnuméraires, lorsque ceux-ci passeront au compte de l'Entrepreneur pour les gages.

9.

Assiduité aux Cours & aux Leçons.

TOUS les Chirurgiens employés surnuméraires, seront astreints d'assister régulièrement aux leçons & aux démonstrations qui se feront pendant l'hiver & l'été ; le Médecin-inspecteur, les Médecins & le Chirurgien-major assisteront régulièrement, autant qu'ils le pourront, aux leçons, afin de s'assurer de la régularité & de la bonté des instructions, de l'assiduité & de la docilité des Médecins, Chirurgiens & Apothicaires ; le Chirurgien-démonstrateur sera tenu de leur rendre compte de ceux qui auroient manqué aux leçons & qui s'appliqueroient moins, afin de les punir selon l'exigence des cas.

Les garçons Chirurgiens employés, & furnuméraires & externes, ne feront pas moins fubordonnés au Chirurgien-aide-major-démonſtrateur, qu'aux Chirurgiens Major & Aide-major de l'hôpital.

Les fils des Médecins & Chirurgiens - majors des hôpitaux militaires du royaume, feront admis à fuivre les cours des amphithéâtres, fans appointemens & fans remplir aucune fonction de droit dans les falles des malades & bleffés, qu'après qu'ils en auront été jugés capables par la voie du concours.

I O.

LE Chirurgien-aide-major, difféqueur & démonſtrateur, *Cours de l'hiver.* fera chaque année un cours complet d'Anatomie pendant l'hiver; ce cours commencera le 1.ᵉʳ Octobre par l'Oſtéologie sèche & fraîche; il fera de fuite & fucceffivement la Miologie, la Splanchnologie, l'Angiologie & la Névrologie; après le cours d'Anatomie, il en fera un d'opérations, conjointement avec le Chirurgien-major.

Le 1.ᵉʳ Juin fuivant, il commencera chaque année un *Cours d'été.* cours de principes de Chirurgie, qui fera fuivi pendant l'été d'un cours de Bandages.

I I.

LA première année, les Chirurgiens furnuméraires, *Étude de* étudieront & s'appliqueront plus particulièrement à l'Oſ- *la première année.* téologie sèche & fraîche, & à la Miologie; pendant l'été fuivant ils étudieront les principes de Chirurgie & les Bandages.

La feconde année ils feront une étude particulière de *De la feconde.* la Splanchnologie, de l'Angiologie, & des opérations pendant l'hiver, & repafferont pendant l'été les principes de Chirurgie & de Bandages.

La troifième année, ils répéteront les parties de l'Ana- *De la troifième.* tomie précédente, & y ajouteront la Névrologie; vers le printemps, ils s'appliqueront fpécialement aux opérations

A iij

qu'on aura foin de leur rendre familières, en les faifant opérer eux-mêmes ; ils emploieront l'été de cette troifième année à faire une étude appliquée de la Phifiologie & de la Pathologie.

Diffections. La première année ils difféqueront la Miologie ; la feconde, la Splanchnologie & l'Angiologie ; la troifième la Névrologie.

1 2.

Préfence des Chirurgiens à la préparation des remèdes. PENDANT toute l'année, les Chirurgiens qui ne feront pas de fervice, affifteront à la préparation des remèdes dans la Pharmacie, & à leur diftribution dans les falles.

L'Apothicaire-major, pendant les mois de Juin, Juillet & Août, fera en leur préfence les principales opérations chimiques & galéniques, & leur en expliquera les manipulations ; ces connoiffances de la préparation & de la diftribution des remèdes, leur procureront une double utilité dans les armées, où le défaut d'Apothicaires expofe quelquefois cette partie du fervice des hôpitaux militaires à de grands inconvéniens.

Cours de Botanique. L'Apothicaire-major fera encore chaque année un cours de Plantes ufuelles, auquel tous les Médecins, Chirurgiens & Apothicaires, feront obligés d'affifter.

Les Médecins furnuméraires fe conformeront, pour leurs occupations, à ce qui fera réglé par le Médecin titulaire, en l'abfence de l'Infpecteur.

Ils fuivront les vifites & les panfemens du Chirurgien-major, & particulièrement celles des Médecins titulaires, & fe conformeront d'ailleurs à ce qu'ils leur prefcriront dans les différentes parties du fervice.

1 3.

Cours de Médecine. CONFORMÉMENT au titre VII, article premier de l'Ordonnance du 1.er janvier 1747, les Médecins, chaque année, feront un cours de Phifiologie & de Pathologie, & en même temps un cours de Pratique & Clinique des principales maladies qui règnent parmi les Troupes dans

7

les armées & les garnisons, auquel ils joindront une expli-
cation & une application du formulaire des hôpitaux; ils
auront soin en même temps de faire connoître les rapports
du genre de vie des Soldats, de leurs travaux & de leur
régime; & le Chirurgien-major un cours de maladies
vénériennes.

14.

AFIN d'assujettir davantage tous les Chirurgiens em- *Examen général.*
ployés & surnuméraires, à l'étude, exciter leur émulation,
& s'assurer de leurs progrès, il sera fait chaque année un
examen général au commencement du mois de Mai; cet
examen comprendra la matière des cours qui auront été
faits pendant l'hiver; la convocation du jour sera faite
par le Médecin-inspecteur qui présidera à l'examen; les
Médecins, Chirurgien-major, Aide-major & le Démonstrateur, assisteront à cet examen; chaque Chirurgien sera
examiné séparément l'un après l'autre; à la suite de chaque
examen particulier, l'Inspecteur recueillera les voix, &
inscrira sur une feuille la matière de l'examen, les degrés
de capacité, la conduite & les mœurs de chaque Chirurgien, avec la date de leur réception; cette feuille sera
signée par tous les examinateurs à la fin de l'examen
général. L'Inspecteur sera tenu d'en adresser une copie au
Secrétaire d'État de la guerre, & une autre à l'Intendant
du département; & le Contrôleur de chacun des hôpitaux,
transcrira toutes les notes sur un livre exprès, année par
année, qu'il conservera pour être présenté au Commissaire
des guerres de chacun des hôpitaux.

15.

À l'assemblée du 1.er du mois de Juin suivant, en pré- *Distribution*
sence de l'Intendant, s'il peut s'y trouver, sinon du *des Prix.*
Commissaire des guerres, par lui chargé de la police de
l'hôpital, le Médecin-inspecteur, conjointement avec les
autres examinateurs, tous les Chirurgiens assemblés, en
nommera deux qui se feront le plus distingués dans l'examen
précédent, ayant en même temps égard au service & aux

mœurs, pour leur être diſtribué à chacun un Prix de la valeur de cinquante livres, qui conſiſtera en livres relatifs à la profeſſion; le Commiſſaire des guerres en fera mention dans ſon procès-verbal du mois, qu'il adreſſera au Secrétaire d'État de la guerre & à l'Intendant du département.

16.

Commiſſion d'Apothicaire.

SA MAJESTÉ, pour augmenter l'exactitude & le zèle des Apothicaires en chef des trois hôpitaux où les amphithéâtres ſeront établis, veut bien leur accorder une commiſſion d'Apothicaire-major, ſignée de l'Intendant du département, avec quatre cents livres d'appointemens; indépendamment de ces quatre cents livres, ils toucheront de l'Entrepreneur, les gages d'un premier garçon Apothicaire, dont ils lui tiendront lieu.

Les garçons Chirurgiens & Apothicaires auront, chaque jour, deux heures de recueillement pour ſervir à l'étude des leçons; ces deux heures ſeront preſcrites dans le moment du jour le plus convenable, de concert avec le Médecin, le Chirurgien-major & le Démonſtrateur; & tous les Samedis de l'année, il y aura un examen & une répétition générale ſur ce qui aura été enſeigné pendant la ſemaine.

Après les cours de Pharmacie & de Chimie, il ſera fait un examen des Apothicaires, dans lequel on obſervera les mêmes formalités preſcrites, pour l'examen, la diſtribution des Prix des Chirurgiens, par les articles 14 & 15 de ce Règlement; & il ſera accordé un Prix de cinquante livres à l'Apothicaire qui ſe fera le plus diſtingué par ſes connoiſſances, ſon exactitude & ſes mœurs.

17,

Cent livres pour la préparation des remèdes.

IL ſera accordé en ſus cent livres, par année, à chacun des trois Apothicaires-majors, pour les frais des préparations qu'ils ſeront tenus de démontrer aux Médecins ſurnuméraires, aux garçons Chirurgiens & aux garçons Apothicaires employés & ſurnuméraires, dont ils rendront

compte dans un état, visé par le Commissaire des guerres
& le Médecin-inspecteur.

18.

D ANS chacun des trois hôpitaux où les amphithéâtres *Apothicaires*
feront établis, on admettra quatre Apothicaires surnumé- *surnuméraires.*
raires-externes, sans appointemens ni nourriture au compte
du Roi ; ils ne pourront être reçus qu'avec l'agrément du
Commissaire des guerres, & après avoir été examinés
par le Médecin-inspecteur, auquel ils auront montré des
lettres d'apprentissage authentiques, au moins de deux
années, chez un maître Apothicaire. Quand il vaquera
une place de garçon-Apothicaire avec gages de l'Entrepreneur, elle sera donnée à celui des Apothicaires
surnuméraires-externes qui aura montré plus d'habileté &
de capacité dans un concours qui sera fait en présence
du Commissaire des guerres, du Médecin-inspecteur,
des Médecins, Chirurgiens-majors, Aides-majors & de
l'Apothicaire-major.

19.

L ES compositions galéniques & chimiques, exigeant *Préparation*
toute l'habileté d'un Artiste expérimenté, sur la fidélité & *publique*
l'exactitude duquel on puisse se confier ; l'intention de Sa *des remèdes.*
Majesté est que toutes ces préparations se fassent en présence du Médecin-inspecteur, des Médecins, Chirurgiens-
majors, Aides-majors, des garçons Chirurgiens & Apothicaires des hôpitaux militaires des villes capitales de chaque
province, & que ces mêmes préparations soient distribuées
dans les différens hôpitaux du département ; défendant aux
Directeurs & aux Apothicaires de ces hôpitaux, d'en employer d'autres ; enjoignant aux Officiers de santé d'y tenir
scrupuleusement la main.

20.

L'ÉTABLISSEMENT des amphithéâtres ayant pour objet *Remplacement*
de former des dépôts de Médecins, Chirurgiens & *des garçons*
d'Apothicaires instruits & exercés à l'ordre établi dans les *Chirurgiens*
& Apothicaires.

hôpitaux militaires du royaume & des armées; l'intention de Sa Majesté est que toutes les places de garçons Chirurgiens & d'Apothicaires, vacantes dans les hôpitaux militaires du département & dans ceux des provinces qui y sont adjointes, soient remplacées par les Chirurgiens & Apothicaires surnuméraires employés dans les amphithéâtres; & que pour cet effet, le Médecin & le Chirurgien-major titulaires de chaque Hôpital, chacun en ce qui le concerne, demanderont un sujet à l'Intendant de la ville où l'amphithéâtre sera établi; lequel donnera en conséquence ses ordres, afin que les Examinateurs s'assemblent & choisissent au concours & à la pluralité des voix, le Chirurgien ou l'Apothicaire le plus capable de remplir la place.

Et qu'à l'égard des places de Médecins, vacantes dans les mêmes hôpitaux militaires, qu'il conviendra de remplir, on s'adressera au Secrétaire d'Etat de la guerre, qui se fera rendre compte de la capacité & de la conduite, tant des Médecins surnuméraires employés dans les amphithéâtres, que de ceux qui l'ont été précédemment dans les hôpitaux des armées, afin d'être en état de faire un choix juste & convenable.

2 1.

Médecin au défaut de l'Inspecteur. EN cas d'absence, & au défaut du Médecin-inspecteur, les Médecins & Chirurgiens-majors des hôpitaux militaires où les amphithéâtres seront établis, feront tout ce qui lui est prescrit par ce présent Règlement.

2 2.

LES Médecins, Chirurgiens-majors & les Apothicaires-majors employés dans ces trois hôpitaux, rendront compte au premier Médecin, inspecteur général des hôpitaux militaires, tous les mois respectivement, dans la partie dont ils sont chargés, comme une suite de la correspondance qu'ils sont tenus d'entretenir avec lui, de l'état de cet établissement, de l'exactitude & des progrès que les Médecins, Chirurgiens & Apothicaires y auront fait, &

des difficultés qui pourroient s'y rencontrer, pour, fur le rapport qu'il en fera au Secrétaire d'État de la guerre, être pourvu, ainfi qu'il appartiendra.

23.

LES Médecins, Chirurgiens & Apothicaires furnuméraires, feront, autant qu'il fera poffible, logés dans les hôpitaux, ou par les villes où les amphithéâtres font établis.

FAIT & arrêté à Verfailles le vingt-deux décembre mil fept cent foixante-quinze. *Signé* SAINT-GERMAIN.

A PARIS,
DE L'IMPRIMERIE ROYALE.

M. DCCLXXIX.